POUR L'ARMÉE RÉPUBLICAINE

LE DROIT DE VOTE
des
MILITAIRES DE CARRIÈRE

Étude parue dans la Revue Militaire
ARMÉE & DÉMOCRATIE

PRIX : 0 fr. 30

NIORT
IMPRIMERIE TH. MARTIN
24, Rue Saint-Symphorien, 24

1909

Officiers & Sous-Officiers républicains

Lisez, Faites lire, Répandez la Revue Militaire

ARMÉE & DÉMOCRATIE

qui poursuit énergiquement la démocratisation de l'armée

1° en **Propageant**
Dans l'armée les idées et les principes républicains ;

2° en **Combattant**
L'influence de la réaction toute puissante dans le commandement ;

3° en **Défendant**
Energiquement les intérêts des officiers et des sous-officiers républicains ;

4° en **Reprenant**
En somme, l'œuvre de démocratisation, de laïcisation plutôt, de l'armée qui a été interrompue.

Armée et Démocratie comble une lacune dans la presse française. Alors que, dans toutes les administrations et corporations, les fonctionnaires, les employés de commerce, les ouvriers ont un organe pour soutenir leurs intérêts, seuls, les officiers et sous-officiers républicains n'ont aucun journal pour enregistrer leurs vœux, leurs desiderata, leurs plaintes si justifiées souvent, et faire enfin triompher leur cause qui est celle des gens sacrifiés depuis 35 ans.

Armée et Démocratie combat avec passion et sans défaillance le favoritisme sous toutes ses formes. Elle lutte avec la dernière énergie contre cet esprit clérical et réactionnaire qui a fait tant de ravages et de victimes dans notre armée nationale.

Enfin *Armée et Démocratie* crée un lien entre tous les officiers républicains dont elle reflète l'esprit, les idées et les généreuses aspirations.

Cette Revue militaire comprend 16 pages de texte, elle paraît le dimanche.

RÉDACTION et ADMINISTRATION

1, Rue d'Ouessant (quartier de l'Ecole Militaire) PARIS

ABONNEMENTS

France, Algérie, Tunisie		Colonies et Etranger	
officiers	s.-off.	officiers	s.-off.
1 an... Fr. 10 »	6 »	1 an.... Fr. 14 »	10 »
6 mois...... 5 »	3 50	6 mois...... 7 »	6 »

DU DROIT DE VOTE
DES MILITAIRES

Proposition tendant à restituer le droit de vote aux militaires qui ont passé plus de deux ans sous les drapeaux.

I. Importance de la question

Depuis 1872, l'armée est soumise, au point de vue politique, à un régime d'exception qui l'exclut de toute participation à la marche des affaires publiques du pays et qui la prive de tout moyen d'action pour la défense de ses intérêts particuliers.

Elle a supporté en silence et avec une dignité dont la nation doit lui être reconnaissante, un ostracisme qui pouvait paraître justifié, dans une certaine mesure, par la préoccupation de sa propre réorganisation.

Le vote de la loi de deux ans a mis fin à cette évolution en réalisant le programme politique qui consistait à établir l'égalité de tous les citoyens devant la loi militaire.

Le moment semble donc venu de rendre à l'armée les droits dont elle a été privée jusqu'à ce jour et de réaliser également, par ce fait, l'égalité de tous les citoyens devant la loi politique.

Cette réforme est d'autant plus indispensable que le régime actuel a pour conséquence, non seulement de violer le principe essentiel de l'égalité devant la loi et de porter une grave atteinte aux droits les plus inaliénables du citoyen, mais encore de causer un préjudice énorme à la puissance militaire du pays et de rendre absolument impossible la réalisation effective et complète de la nation armée.

Le compte rendu des débats parlementaires depuis trente-cinq ans, montre que les questions militaires y tiennent bien peu de place, sauf quand elles se rapportent en même temps à la politique : affaire Dreyfus, affaire des fiches, etc., ou quand elles peuvent avoir une répercussion sur le terrain électoral : recrutement, périodes d'instruction de réservistes ou de territoriaux, conseils de guerre, etc.

Quant à celles qui sont du domaine militaire pur : organisation, recrutement, avancement des officiers, etc., elles ne viennent, pour ainsi dire, jamais en discussion.

De même, dans les questions de finances, l'armée permanente n'intervient que pour fournir matière à *réduction* en faveur de ceux qui possèdent le bulletin de vote. Pour s'en rendre compte, il suffit de parcourir les derniers rapports sur le budget de la guerre. Aux *augmentations* figurent des sommes de plus en plus considérables pour les éléments ayant une influence quelconque en matière électorale : premières mises d'équipement aux officiers de réserve et de territoriale, subventions aux sociétés de tir, de préparation militaire, salaires des ouvriers civils, etc., etc. Les *diminutions* portent uniquement sur la situation déjà si précaire des militaires professionnels : suppressions d'indemnités, réductions de cadres, etc.

Les premières présentent sans doute un caractère de nécessité incontestable, mais elles ne devraient pas entraîner les secondes que la cherté partout croissante de la vie rend absolument injustes.

Cependant, il faut reconnaître que cet état de choses est bien naturel. Les membres du Parlement ne sont, en définitive, que les représentants de la souveraineté nationale.

Ils sont obligés de tenir compte des desiderata de ceux qui les ont investis de leur mandat, c'est-à-dire de leurs électeurs. Et comme ces desiderata sont nombreux, leur discussion absorbe, dans chaque législature, tous les instants, de sorte qu'il ne reste jamais un moment pour s'occuper des intérêts de ceux qui ne sont pas électeurs.

Du reste, comment les députés seraient-ils saisis des questions intéressant l'armée ?

Par le Ministre de la Guerre ? Mais il est reconnu que le Ministre ne commande pas et que les vraies puissances du ministère sont les bureaux. Or, il n'y a pas d'exemple que les bureaux, dont la routine et l'apathie sont proverbiales, aient jamais pris l'initiative de proposer une modification quelconque à un état de choses existant.

De plus, le Ministre n'est pas libre. Il est, vis-à-vis des députés, dans la même situation que ceux-ci par rapport à leurs électeurs. Il est obligé de se plier aux nécessités parlementaires, ce qui ne lui laisse plus une minute pour s'occuper de ses subordonnés.

Par des professionnels ? L'entrée des Parlements leur est interdite, à moins qu'ils ne soient démissionnaires ou en retraite. Les premiers n'ont pas trouvé assez de charmes dans l'état d'officier pour, après l'avoir abandonné, s'y intéresser encore ; les seconds sont arrivés à un âge où les questions militaires ne passionnent plus guère. En tout cas, comme ni les uns ni les autres n'ont à revenir dans le milieu militaire, ils ne sont pas poussés à activer la solution des questions s'y rattachant.

En outre, ils perdent rapidement le contact de ce milieu, ce qui les empêche de se rendre un compte exact de ses besoins. Quand ils cherchent à se tenir au courant de ce qui s'y passe, ils sont obligés de s'adresser à d'anciens camarades, dont ils se font de véritables satellites. Ceux-ci, trop souvent arrivistes à tous crins, ne reculent devant aucun moyen pour exploiter la situation et obtiennent ainsi les plus grandes faveurs, qu'ils ne doivent cependant bien souvent qu'à une seule qualité : l'intrigue.

Ainsi :

Sacrifice de plus en plus accentué des intérêts matériels des militaires professionnels non électeurs à ceux de militaires occasionnels électeurs ;

Indifférence des pouvoirs publics vis-à-vis des questions purement militaires ;

Développement de l'intrigue et du favoritisme ;

Tels sont les inconvénients matériels de la situation actuelle. Les inconvénients moraux sont bien plus graves encore :

a) Sous le régime de la nation armée, la puissance militaire du pays ne peut atteindre son plein développement que si l'armée et la nation sont intimement unies.

La réalisation de cette union exige avant tout que chacun des deux éléments participe le plus possible à la vie de l'autre.

Or, un des actes capitaux de la vie de la nation est, sans contredit, celui par lequel elle exerce la plus grande de ses prérogatives, la souveraineté politique. Et c'est précisément de cet acte (préparation, exécution, conséquences) que l'armée est exclue d'une manière absolue ! Qui ne voit le fossé profond creusé par cette situation entre les deux éléments qu'il s'agit de fusionner ? Il est bien évident que cette fusion sera irréalisable tant que ce fossé existera.

b) Aussi qu'arrive-t-il ? C'est que le peuple, n'ayant aucun point de contact avec les militaires professionnels, continue à considérer *le corps des officiers comme une caste*. Il lui témoigne plutôt de l'hostilité au lieu d'avoir en lui cette confiance qui doit former comme *le ciment de la nation armée*.

La réciproque est également vraie, de sorte que cet esprit de caste que la nation s'est efforcée de détruire dans son sein, se trouve sans cesse consolidé dans l'armée par l'état actuel des choses.

c) Cet isolement de l'armée empêche le peuple de se rendre compte *des évolutions* qui peuvent se produire dans celle-là. Ces évolutions, si lentes soient-elles, s'accomplissent néanmoins, et l'armée d'aujourd'hui est déjà bien différente de celle qui existait il y a trente ans.

Cependant, nombreux sont encore les lecteurs de *publications stupides* comme *le colonel Ramollot, le colonel Ronchonot*, etc., qui considèrent comme des reproductions exactes de la vie militaire les scènes qu'elles décrivent. D'où nouvelles sources d'erreurs et de discordes entre le peuple et l'armée.

d) On en arrive même à *travestir les intentions* les plus louables du corps des officiers et à se servir de l'ostracisme dont ces derniers sont frappés au point de vue politique, comme d'un argument pour leur refuser le droit de contribuer à l'éducation morale du soldat. Cette éducation est pourtant une des missions les plus élevées de l'officier ; elle est prescrite par les règlements et a pour but de déterminer ou de développer chez le soldat tous les sentiments du bon citoyen : probité, franchise, droiture, bravoure et patriotisme.

Voici, en effet, ce qu'on lit dans un article du journal *L'Action* du 28 décembre 1906 sur le rôle social de l'officier :

Qu'on relise le *Petit Temps* d'il y a quinze jours, et l'on verra avec quel mépris ces éducateurs militaires parlent des intellectuels, des résultats de l'instruction primaire, secondaire ou supérieure, avec quelle outrecuidance ils affirment leur volonté, *eux qui ne jouissent pas de leurs droits civiques*, d'apprendre aux citoyens, appelés sous les drapeaux, leurs devoirs civiques.

Il faut reconnaître que l'argument a sa valeur et que l'autorité de l'officier, au point de vue de l'éducation morale du soldat est fortement diminuée par son exclusion du corps électoral.

e) En définitive, l'élément militaire n'a *aucun moyen de défendre ses intérêts matériels et moraux*. Il constitue dans la nation une catégorie de *parias* qui n'ont pas pour lutter dans la vie cette arme puissante : le bulletin de vote, et qui seront forcément vaincus un jour s'ils tardent trop à réclamer l'égalité à laquelle ils ont droit.

Supposons donc les militaires soumis à la loi commune et nous allons voir qu'ils reprennent dans la Société leur place et leurs droits.

D'abord, les députés écouteront leurs voix, comme ils écoutent actuellement celles des autres électeurs. Nombreuses sont les circonscriptions électorales qui renferment des centaines de militaires professionnels. La présence de quelques-uns d'entre eux, dans les réunions, permettra aux candidats de connaître les besoins de cette fraction de la nation.

Les députés *seront ainsi saisis* normalement des questions militaires : ils seront éclairés sur ces questions par leurs propres électeurs, ce qui les dispensera d'avoir autour d'eux cette foule d'intrigants qui les exploitent.

Les pouvoirs publics, renseignés par les députés comme ceux-ci le seront par leurs électeurs, ne pourront plus, comme aujourd'hui, se désintéresser de ces questions qui reprendront dans les débats parlementaires l'importance qui leur revient.

De plus, le droit d'élection entraînant celui d'*éligibilité*, le Parlement pourra compter dans son sein des officiers en activité de service qui, sortant temporairement seulement du milieu militaire, en seront *les défenseurs naturels* et possèderont toute *la compétence* voulue pour éclairer avec autorité les autres membres du Parlement.

Au point de vue *moral*, les bienfaits du vote des militaires ne seraient pas moins sensibles :

a) Ceux-ci participant constamment à la vie politique du peuple se confondraient bien davantage avec lui, ce qui favoriserait singulièrement cette fusion indispensable des deux éléments.

b) Apprenant ainsi à connaître l'armée, voyant les militaires s'intéresser à la marche des affaires publiques, le peuple ne considèrerait plus le corps des officiers comme une caste, et les officiers, de leur côté, voyant la nation de plus près, seraient bien obligés de reconnaître l'importance des autres éléments qui la constituent.

c) Les transformations de l'armée ne passeraient plus *inaperçues* aux yeux du peuple qui, dès lors, laisseraient pour compte à leurs éditeurs les *Colonels Ramollot*, et autres.

d) La nation confierait également plus volontiers *ses enfants* à l'armée quand elle saurait qu'on ne demande rien à ces derniers qui ne soit nécessaire à la puissance du pays et qu'ils sortent de l'armée meilleurs qu'ils y sont entrés.

e) En somme, la restitution du droit de vote aurait pour conséquence de rétablir, en faveur des militaires professionnels, l'égalité civique qui leur a été enlevée sans raison.

On a dit en parlant de la guerre de 1870 : « Ceux-là sont injustes qui ont fait uniquement peser sur l'armée de l'époque toute la responsabilité de nos revers ; en réalité, c'est l'énergie guerrière de la nation tout entière qui s'était affaiblie. »

D'où provenait cet affaiblissement ? Dans la *Revue militaire générale*, le lieutenant-colonel Maistre prétend que la recherche de ces causes ne peut être pour l'armée qu'un travail décevant, parce qu'il est dépourvu de sanction pour l'avenir.

Sur tout ce qui, de l'extérieur, peut influer sur la valeur de l'armée, dit-il, nous sommes à peu près sans action. Le milieu nous fournit une base, bonne ou mauvaise, sur laquelle nous n'avons plus qu'à nous évertuer à construire de notre mieux l'édifice militaire. Tout au plus pouvons-nous chercher à nous rendre compte des influences que ce milieu peut exercer sur la solidité du bâtiment pour en tirer parti si elles sont favorables, pour en pallier les effets si elles tendent à y ouvrir des lézardes.

Cette opinion paraît des plus discutables. L'armée doit coopérer à l'amélioration de la base, de manière que celle-ci soit solide. Au lieu de s'évertuer à boucher des lézardes, elle peut les empêcher de se produire : elle n'a qu'à travailler le terrain sur lequel elle bâtira, et pour cela, se mêlant intimement à la nation, développer en elle les sentiments qui renforcent la puissance militaire en combattant ceux qui l'affaiblissent.

De son côté, la nation doit donner à l'armée les outils dont elle a besoin pour accomplir cette œuvre régénératrice. Elle doit lui permettre de participer à sa propre vie, en lui rendant le droit de vote.

Seul la restitution de ce droit peut consacrer réellement et définitivement la charte constitutionnelle de la nation armée.

Avant de terminer cette première partie de la question, il faut répondre d'avance à une objection qui ne manquera pas de surgir.

« Le droit de vote des militaires, dira-ton, ne sera pas favorable à la République, puisque vous allez jeter dans le corps électoral 30.000 officiers, presque tous réactionnaires. »

D'abord ces officiers ne sont pas tous réactionnaires ; ensuite le corps électoral s'augmentera également de 40.000 sous-officiers ou soldats, qui eux sont plutôt républicains ; enfin, si on admet également au scrutin les 450.000 hommes sous les drapeaux, on ne fera qu'accentuer ce mouvement, qui se dessine nettement à chaque élection et qui résulte du développement de l'instruction laïque : la progression ascendante continue du nombre des voix républicaines.

Mais même si la majorité devait, dans quelques circonscriptions, passer de gauche à droite du fait du vote des militaires, il faudrait s'en réjouir, car cet évènement déciderait peut-être les pouvoirs publics à apporter un peu plus de soin dans le recrutement des militaires professionnels et à favoriser l'entrée dans les cadres de l'armée des éléments démocratiques qui lui font absolument défaut actuellement.

II. Historique

Il ne paraîtrait pas utile de remonter jusqu'à l'antiquité si ce n'était pour rappeler que, tant à Athènes qu'à Rome, chaque individu, après avoir exercé son activité en délibérant sur les intérêts de la cité, mettait son bras au service de sa patrie pour la défendre contre les ennemis extérieurs. Ce qui prouve bien que, en principe, le fait de s'intéresser aux affaires du pays n'est pas incompatible avec la discipline militaire.

Pendant la période révolutionnaire, le suffrage universel n'existe pas encore. Le système électoral est fondé sur le cens et le suffrage est à deux degrés.

Mais, étant donné la pureté des sentiments républicains des représentants de cette période, il est intéressant d'examiner les conditions dans lesquelles on avait admis que les militaires pourraient exercer les droits politiques : de plus, c'est à cette époque que l'on voit l'armée prendre le caractère qu'elle a encore aujourd'hui, c'est-à-dire : « réunion des forces de tous les citoyens, destinée essentiellement à agir contre les ennemis du dehors. » (Acte du 6-12 décembre 1790).

Par suite, elle a comme aujourd'hui, mais moins qu'aujourd'hui, des rapports directs avec la nation, ce qui lui fait prendre un vif intérêt aux affaires publiques.

D'autre part, comme aujourd'hui, mais également moins qu'aujourd'hui, c'est aux mains des citoyens ou de leurs mandataires que se trouve confiée la direction du gouvernement.

Dans ces conditions, jusqu'à quel point les militaires participeront-ils à l'élection des représentants du peuple et jusqu'à quel point pourront-ils eux-mêmes être chargés de gérer les affaires publiques ?

Seront-ils, comme à Athènes ou à Rome, à la fois soldats et citoyens ? L'armée, au contraire, en raison de ce qu'elle constitue une force publique *essentiellement obéissante*, sera-t-elle au service du pouvoir civil, instrument passif entre ses mains ?

L'assemblée nationale conserve aux militaires l'exercice des droits politiques, mais avec la restriction suivante : « Les militaires ne peuvent prendre part aux élections que s'ils *ne sont pas en garnison dans le canton où est situé leur domicile*. » Cette clause avait pour conséquence de rendre sinon impossible, du moins fort rare, l'exercice des droits politiques des militaires ; car aux difficultés d'un déplacement souvent onéreux, il faut ajouter les obligations du service, qui ne permettaient pas aux soldats sous les drapeaux de s'absenter pour exercer leurs droits de citoyens actifs. Ils ne pouvaient donc exercer ces droits qu'au cas de congé.

On verra plus loin à quelles craintes répondait cette mesure de défiance, qui était, d'ailleurs, absolument injustifiée et qui ne fut pas inscrite dans la Constitution de 1791, votée l'année suivante par l'*Assemblée Constituante*.

En effet, celle-ci fit tomber la seule barrière qui, au point de vue politique, séparât les militaires des autres citoyens en votant que : « Les officiers, sous-officiers ou autres, attachés au service de terre ou de mer, domiciliés habituellement dans les lieux où ils se trouveront, soit en garnison, soit de service, pourront y exercer le droit de citoyen actif, s'ils réunissent les conditions requises. » (Loi du 6 juillet 1791).

La Convention proclame que « chaque citoyen a un droit égal de concourir à la formation de la loi et à la nomination de ses mandataires ou de ses agents » (Acte constitutionnel du 24 juin 1793). Cet acte accorde donc l'électorat et l'éligibilité à tous les citoyens sans distinction et par suite aux militaires.

A cause de la guerre, cette constitution fut suspendue jusqu'au rétablissement de la paix, et avant que ce rétablissement ait lieu, la *Constitution du 5 Fructidor an III* fut, à son tour, promulguée et mise à exécution.

Celle-ci accorde aux militaires les mêmes droits que la précédente.

En l'an V, *une loi* du 18 ventôse déclara que « les militaires *sans* congé devaient être considérés comme faisant partie d'un corps armé et, par suite, *n'avaient pas* le droit de voter dans les assemblées primaires et communales. »

Il y a lieu de remarquer que :

1° A cette époque les armées étaient sans cesse en opérations, ce qui les plaçait dans des conditions difficiles pour l'exercice du droit de vote ;

2° Le pays entrait dans cette période troublée, on pourrait dire d'anarchie, qui aboutit au 18 brumaire, ce qui enlève toute valeur aux décisions politiques.

Aussi la Constitution de l'an VIII qui remplace celle de

l'an III, supprime-t-elle complétement l'action de la nation dans les élections. C'est le Sénat qui nomme les députés au Corps législatif sur les listes de candidats, présentés il est vrai par les électeurs, mais dont le nombre est considérablement réduit.

A partir de ce moment, il n'est plus question de droits politiques des militaires. Quant à ceux du commun des citoyens, ils sont presque nuls ; la volonté du premier Consul, puis de l'Empereur remplace tout.

Sous les régimes qui suivirent l'Empire, Restauration et Monarchie de Juillet, régimes de réaction, il n'y avait plus d'autre droit que celui du souverain ; *cependant toutes les lois électorales de ces époques reconnaissent comme électeurs et éligibles* **les officiers** *qui remplissaient les conditions communes.*

La République de 1848 est le premier régime sous lequel le suffrage réellement universel a été appliqué à la nation et à l'armée. Les hommes de 1848, plus audacieux que ceux de la Révolution, décidèrent que les militaires parvenus à l'âge de citoyens étaient, de droit, électeurs.

Un des premiers actes du Gouvernement provisoire fut de convoquer, par décret du 5 mars 1848, les électeurs chargés de nommer l'Assemblée souveraine qui avait à donner une Constitution à la France. L'instruction qui réglait les détails de cette convocation, contenait les prescriptions suivantes relatives au vote des militaires : Art. 37 : « Les électeurs militaires en activité de service seront avertis, par leur chef immédiat, aussitôt après la publication du décret du 5 mars et de la présente instruction, du droit qu'ils ont de participer à l'élection générale *comme les autres citoyens* et du nombre de représentants attribués à leurs départements respectifs. »

Et le Ministre de l'Intérieur, Ledru-Rollin, écrivait aux commissaires du Gouvernement provisoire : « L'armée est peuple comme nous ; elle est la première barrière opposée à l'invasion. »

Il convient tout de suite de faire remarquer que l'armée *était absolument distincte de la Nation*. Elle vivait sous le régime de la loi de recrutement de 1832, et *tous* les hommes qui la composaient, tirés au sort, faisaient sept ans de service, c'est-à-dire étaient de *véritables professionnels*. Enfin, les corps changeaient constamment de garnison.

De plus, *le mode de votation* était pour le moins bizarre. Dans chaque garnison et pour chaque corps, les électeurs militaires se réunissaient sous la présidence du chef le plus élevé. Ils étaient groupés en sections dont chacune devait comprendre les citoyens d'un même département.

Puis chacun d'eux devait écrire, ou faire écrire par un camarade, son bulletin qu'il remettait au président.

Les bulletins étaient dépouillés séance tenante, en leur présence, et le résultat des votes, cacheté et certifié par les intendants militaires, était envoyé par le président du bureau au commissaire du département auquel appartenaient les votants.

On doit bien supposer que dans ces conditions le vote des soldats-citoyens ne fut ni aussi éclairé, ni surtout aussi libre, qu'il l'aurait fallu. Non seulement la candidature officielle fut pratiquée de la façon la plus énergique, mais encore le Gouvernement provisoire envoya dans les départements des délégués qui choisirent des sous-officiers pour agir sur les régiments et désigner aux soldats les chefs suspects dont l'influence était redoutée. Néanmoins, les élections se passèrent *dans le plus grand calme*.

Un mot en passant au sujet des militaires qui se trouvaient dans une commune ou un cantonnement quelconque, en nombre insuffisant pour composer une assemblée d'électeurs (cinq et au-dessous) ; ils devaient être portés sur les listes de la mairie et voter dans la commune chef-lieu de canton, *comme les autres citoyens* admis à y exercer leurs droits civiques. Les gendarmes étaient presque tous dans ce cas.

Ce mode de votation fut également adopté pour toute l'armée pour *l'élection du Président de la République* qui eut lieu au mois de décembre 1848.

La *Constitution du 4 novembre 1848* confirmait purement et simplement les conditions du décret du 5 mars précédent, c'est-à-dire impliquait pour les militaires le droit d'être électeurs et éligibles *comme les autres citoyens*.

Le régime électoral de la nouvelle République fut déterminé par la loi du 15 mars 1849, aux termes de laquelle (art. 2) « les militaires seront portés sur les listes des communes où ils étaient domiciliés avant le départ » et seront éligibles, sauf quelques exceptions résultant de la situation particulière des officiers (commandants territoriaux, etc.).

Les militaires *votaient au corps*, comme sous le régime du décret du 5 mars 1848. Les élections pour la Législative (13 mai 1849) donnèrent lieu dans l'armée de Paris à une propagande des plus actives de la part des partis avancés.

C'est ici que se place *le fait capital* exploité par les adversaires du vote des militaires. Il importe donc de le rapporter en détail, parce que ceux-ci considèrent qu'il faillit compromettre la discipline.

« Les sous-officiers et soldats démocrates socialistes de l'armée de Paris proposèrent à leurs frères du peuple de la Seine, le citoyen Boichot, sergent-major, et le citoyen Rattier, sergent, comme candidats de l'armée. Cette élection avait pour but de *consacrer l'union définitive du peuple et de l'armée*. »

Boichot, en particulier, était fort populaire. Naturellement, cette popularité n'était pas du goût de la plupart des officiers qui étaient adversaires du vote des militaires et probablement aussi de la République. Sous prétexte que Boichot provoquait des désordres, le général Changarnier le fit mettre à la salle de police. Sa compagnie se souleva, le délivra et maltraita les officiers. Ces faits, que le maréchal de Castellane appelle des mutineries, se répétèrent à l'approche des élections.

Les partis réactionnaires firent offrir à Boichot l'épaulette de sous-lieutenant pour obtenir son désistement. Celui-ci refusa et fut incarcéré pour avoir accepté une candidature socialiste.

Néanmoins il fut élu à une énorme majorité avec deux autres sous-officiers, Rattier et Commissaire. Cette élection souleva l'indignation des nationalistes de l'époque, parce que Boichot obtenait vingt mille voix de plus que le maréchal Bugeaud et six mille de plus que le général Lamoricière, et que le sergent Rattier avait trois mille voix de plus que le maréchal et le général Rapatel.

Or, il n'est peut-être pas sans intérêt de rappeler que Bugeaud avait accepté de Louis-Philippe, l'année précédente, la mission de réprimer l'émeute qui devait aboutir, néanmoins, à la proclamation de la République. Il n'est donc pas étonnant que les républicains, dont il avait essayé d'étouffer la voix par la force, ne lui témoignassent pas une grande sympathie.

A la suite des élections, le Gouvernement, effrayé des progrès du socialisme, fit traduire devant une Haute-Cour trente représentants du Parti socialiste qui furent déchus de leur mandat législatif, mais presque tous réélus quelques jours après. Au nombre de ces représentants se trouvaient les trois sous-officiers élus par la Seine et le Bas-Rhin.

Le Gouvernement, peu satisfait de ces élections, songea, dès que les résultats furent connus, à modifier la loi électorale.

La *nouvelle loi du 31 mai 1850* avait pour but de s'opposer au progrès du parti avancé. A cet effet, il restreignait le suffrage universel par trois dispositions nouvelles :

1° Pour être électeur, il fallait être domicilié depuis trois ans au moins (au lieu de six mois) dans la commune ou le canton.

2° Il fallait être inscrit au rôle de la contribution personnelle.

3° Pour être élu, il fallait un nombre plus grand de suffrages.

Quant *aux militaires*, ils jouissaient *du droit commun*, mais, contrairement à la loi précédente, ils votaient *dans la commune où ils avaient été appelés par leur service.*

Ils n'étaient soumis à aucune autre condition : le seul titre de militaires présents sous les drapeaux était suffisant pour les faire porter sur la liste électorale.

Enfin, pour assurer davantage le *secret du vote*, le dépouillement des bulletins militaires ne devait plus avoir lieu dans les sections où ils avaient été reçus. Ils étaient transmis, après avoir été clos et cachetés en présence du bureau, au Préfet de chaque département, et confondus dans les mêmes urnes avec les bulletins des électeurs du chef-lieu. De cette manière, toute constatation séparée du vote de chaque Corps devenait désormais impossible.

Cette loi fut le prétexte pris par le Président de la République, Louis Napoléon, pour exécuter le Coup d'Etat du 2 décembre 1851.

Aussitôt après le Coup d'Etat, *la loi du 31 mai 1850 fut abrogée* et le plébiscite, qui assurait le maintien de Napoléon comme Président, eut lieu *sous un véritable régime de Terreur*. Cependant la proportion des « non » fut supérieure, dans l'armée, de 2 à 3 % à celle des autres électeurs, ce qui prouve que, malgré la pression exercée sur elle, l'armée savait conserver son indépendance dans le vote.

Le décret du 2 février 1852, rendu pour les élections du prochain Corps législatif, admettait bien l'inscription des militaires sur les listes électorales, mais il leur refusait le droit de voter pour les élections législatives. Cependant, le même décret leur accordait le choix de participer, sous les drapeaux, à l'élection du Président de la République.

Du reste, le fait n'a plus d'intérêt, car, à partir de ce moment, les élections furent faussées par toutes sortes de procédés pour assurer, d'abord le rétablissement de l'Empire, et ensuite le triomphe des candidats du Gouvernement.

Ce qu'il importe de retenir, c'est : 1° *que la participation des militaires dans les consultations du Corps électoral n'a donné lieu, en somme, sous la République, qu'à des incidents sans gravité et à Paris seulement.*

2° Que si cette faculté leur fut retirée, ce ne fut pas parce qu'elle portait le moindre préjudice à l'intérêt de l'armée ou à celui du pays, mais bien parce que la Nation ne sut pas conserver les libertés qu'elle avait si chèrement acquises et qu'elle se laissa bénévolement enchaîner par un usurpateur.

3° Que dans les rares consultations auxquelles elle prit part, l'armée exprima son opinion avec plus de dignité et plus d'indépendance que le reste de la Nation, malgré la pression énorme exercée sur elle par le Gouvernement.

Arrivons enfin à la troisième République.

Les premières élections qui suivirent la conclusion de la paix eurent lieu le 8 février 1871. Tous les militaires y participèrent dans les conditions fixées par la *loi du 15 mars 1849*, c'est-à-dire qu'ils étaient *électeurs sans aucune espèce de restriction et éligibles.*

Ces élections ne donnèrent lieu *à aucun incident.*

Il semble donc qu'il eût été naturel de conserver à l'armée les prérogatives d'un droit commun à tous les citoyens et dont elle avait toujours fait un usage très convenable. Cependant, dès le mois d'avril 1871, deux membres de l'Assemblée, MM. Paul Jozon et Ch. Rolland, essayèrent de reprendre le texte du décret de 1852 ; mais ils échouèrent dans leur tentative parce que la loi électorale était à l'étude, et jusqu'en 1872, les élections restèrent soumises aux règles posées par la loi de 1849.

C'est dans la loi *sur le recrutement de l'armée* qu'il est question pour la première fois d'interdire le vote aux militaires.

On sait dans quel esprit conservateur fut opérée la réorganisation de nos forces militaires. On connaît l'horreur que l'état de choses nouveau inspirait aux membres des Commissions militaires de cette époque. Se refusant à reconnaître le principe de la Nation armée, ils s'efforcèrent de creuser entre l'armée et la nation ce fossé si profond qui les sépare encore.

C'est ainsi que le général Chareton dépose un projet de loi contenant les dispositions suivantes : « Le service dans l'armée active est incompatible avec l'exercice des droits électoraux. »

Mais tout conservateur qu'il est, et aussi parce que militaire et membre de l'Assemblée Nationale, il sait combien il serait injuste de priver *les officiers* de leurs droits de citoyens, il ajoute dans le même article : « La loi règlera ce mode d'exercice pour les officiers et les employés militaires au service actif. »

La Commission accepta le principe contenu dans ces propositions et le présenta dans l'article 5 de son projet sous la forme suivante : « Les hommes présents au corps ne prennent part à aucun vote. »

Malgré une vive discussion, cette article fut adopté à une forte majorité.

Il liait évidemment la Commission spéciale, dite des Trente, nommée pour l'examen des lois Constitutionnelles.

Cette Commission fut saisie d'un projet de loi électorale due à l'initiative de *M. Thiers*, Président de la République, et de *M. Dufaure*, garde des Sceaux. Ces deux noms doivent faire entrevoir que ce projet n'avait *rien de libéral*. Il privait en effet du droit de vote les militaires et assimilés de tous grades et de toutes armes, en activité de service quand ils étaient présents au Corps ou en fonctions.

« Cet article, dit l'exposé des motifs, confirme la disposition insérée dans l'article 5 de la loi sur le recrutement de l'armée, mais en faisant cesser les doutes graves que la rédaction trop laconique de cet article avait fait naître. »

Ces doutes, c'était évidemment la question de savoir si les officiers possèderaient oui ou non le droit de vote. Et M. Thiers n'aimait pas assez la République démocratique pour trancher dans un sens très libéral.

Malgré l'énergique intervention de Louis Blanc et de Gambetta, le texte de la Commission fut adopté dans les termes suivants : « Les militaires et assimilés de tous grades et de toutes armes, des armées de terre et de mer, ne prennent part à aucun vote, quand ils sont présents à leurs corps, à leur poste ou dans l'exercice de leurs fonctions. Ceux qui, au moment de l'élection, se trouvent en résidence libre, en non-activité ou en possession d'un congé régulier, peuvent voter dans la commune sur les listes de laquelle ils sont régulièrement inscrits. Cette dernière disposition s'applique également aux officiers et assimilés qui sont en disponibilité ou dans le cadre de réserve. »

C'est le régime sous lequel l'armée vit encore aujourd'hui.

Lors de la discussion de la *loi du recrutement du 15 juillet 1889*, un député, M. *Maillard*, essaya bien de reprendre la question ; il déposa un amendement tendant à accorder aux militaires le droit de vote pour l'élection des députés. Son amendement, combattu par le Gouvernement fut repoussé par la Chambre, à une énorme majorité.

Enfin, *la loi de 1905* reproduit textuellement l'article 9 de la loi du 15 juillet 1889 qui interdit aux militaires de voter, et cette disposition parut toute naturelle aux deux Assemblées législatives.

Il faut cependant signaler que, *le 8 mars 1894, MM. Jules Guesde, Sembat, Vaillant*, etc., avaient déposé un projet de loi tendant à rendre aux militaires l'exercice du droit de vote.

Inutile de dire que ce projet n'est jamais venu en discussion.

III. Discussion

Après avoir suivi l'évolution historique de la question, il importe d'examiner les raisons qui ont pu militer en faveur de la solution actuelle. Quels arguments ont invoqué les partisans de cette solution et quelle en est la valeur ?

Ces arguments se rapportent à deux ordres d'idées :

1º Le vote des militaires peut constituer **un danger pour la Constitution du pays,** parce que les chefs de haut grade pourraient user de leur autorité pour obliger leurs subordonnés à voter selon leurs désirs.

2º Le vote des militaires **est incompatible avec la discipline.**

I. Danger pour la Constitution du pays

Cet argument n'a été invoqué par les adversaires du vote des militaires que sous la Révolution. A cette époque, on ne considérait pas que cet acte fût dangereux pour la discipline. Voici ce que disait à la Constituante M. de Liancourt :

Il ne faut pas qu'une disposition soit dangereuse. Tout ce qui peut nuire à la société ne peut être juste. Il est probable que les régiments seront sédentaires (!) et attachés aux départements. Dès lors, ils seront le plus ordinairement composés d'habitants de ces départements. Les officiers pourront abuser de leur crédit et de leur supériorité, soit pour se faire élire, soit pour diriger et maîtriser dans d'autres vues les élections. Les soldats ont fait un engagement par lequel ils ont renoncé momentanément à leur liberté et à tous les avantages dont la Constitution trouverait du danger à leur laisser l'exercice.

M. de Noailles soutient au contraire l'article proposé dans les termes suivants :

Il est certain que vous avilissez l'armée en la chassant de la Constitution. Assurément, elle ne fait pas de distinction entre les soldats et les officiers, et si vous privez les uns de l'exercice de leurs droits, vous en privez également les autres.

A quoi M. de Lameth ajoutait :

Et vous aurez, sinon très peu de bons soldats, du moins pas un seul officier.

L'article en question fut voté, mais l'Assemblée vota aussi la disposition proposée par M. de Liancourt, et citée plus haut, qui rendait impossible l'exercice du droit reconnu.

Cette exception au droit commun était motivée uniquement par la crainte du danger que le vote de l'armée pouvait faire courir à la Constitution.

Certes, à cette époque, cette crainte pouvait paraître justifiée, car l'instruction était peu répandue ; les soldats, issus du peuple, étaient peu entendus à la discussion des affaires publiques et plutôt préparés, par des siècles de servage, à subir l'ascendant d'esprits plus forts et plus compétents ; les officiers, nommés par eux, avaient toute facilité pour exercer cette influence et ils pouvaient être tentés d'en abuser dans le sens indiqué par M. de Liancourt. Le scrutin ayant lieu ouvertement par appel nominal, les chefs pouvaient facilement tenir rigueur à leurs subordonnés des votes qui leur déplaisaient.

Cependant ces inconvénients ne parurent pas suffisants à l'Assemblée Constituante puisqu'elle supprima cette disposition.

Lors de la discussion de la Constitution de l'an III, un membre de la Convention, Desgraves, s'éleva contre la participation de l'armée au plébiscite qui devait consacrer l'acceptation de cette constitution par le pays.

Convient-il bien, disait-il, d'adopter une telle mesure ? Je dois être extrêmement circonspect sur cet objet délicat. Fondant toutes mes espérances dans ses vertus, qu'elle ne s'enivre jamais de sa gloire et qu'elle soit toujours aussi soumise aux lois qu'elle est redoutable pour nos ennemis.

Les craintes de Desgraves ne se réalisèrent pas. Il faut cependant mentionner un incident, que les adversaires du vote des militaires ont exploité maintes fois, déclarant que la Convention, en jetant l'armée dans la politique, lui avait rendu un mauvais service, que certains corps avaient exprimé leurs suffrages avec une grande indépendance et étaient allés même jusqu'à menacer l'Assemblée.

Un des membres de la députation des trois divisions des armées du Nord et de Sambre-et-Meuse prononça à la barre de la Convention, un discours qui se terminait par ces paroles :

Pénétrés cependant du besoin d'union et de fraternité dans toutes les parties de la République, nous invitons nos frères de

Paris à se rallier avec nous au besoin de la paix intérieure, en les assurant que nous sommes, à notre tour, fatigués de l'influence anarchique qu'ils exercent sur le Corps législatif depuis trois ans ; et qu'il nous soit permis de leur prédire sans aigreur, qu'au premier abus qu'ils tenteraient de leur force sur le Corps législatif, une insurrection mieux combinée et plus impérieuse que celle du Calvados sera dirigée contre eux par les soldats de la liberté.

On voit bien là, en effet, une grande indépendance d'expression, comme il convient du reste à des hommes libres, mais il est difficile d'y trouver une menace contre l'Assemblée. La menace était, au contraire, dirigée contre les factieux qui auraient cherché à profiter des difficultés de l'Etat pour renverser le gouvernement. C'est donc en défenseurs de la Constitution que se posaient les soldats des armées de la République, et il est réellement injuste de les accuser d'avoir été pour elle un danger.

En 1887, à propos de la discussion de la loi sur le recrutement de 1889, un député, M. Maillard, tentait un dernier effort en faveur du vote des militaires :

« Pourquoi, s'écriait l'orateur, refuser à l'armée le droit de vote ? Tout le monde en indique la raison tout bas : on craint qu'à un moment donné l'opinion de l'armée étant connue, elle ne soit poussée à commettre ou à accomplir un acte qui pourrait être contraire à la Constitution.

« Voilà la vérité. Eh bien, dans notre pays où, depuis un siècle, quatorze gouvernements se sont succédé, on ne peut pas citer un seul exemple de l'armée renversant un gouvernement pour lui en substituer un de son choix. »

Enfin, on s'est également servi de l'argument suivant :

« Appelée à juger périodiquement le pouvoir auquel elle doit obéissance, l'armée ne tarderait pas à devenir un corps politique ; elle cesserait de se considérer comme un instrument d'ordre à la disposition des autorités légales ; elle prendrait part aux luttes de partis ; elle aurait le sien, ou plutôt elle serait elle-même un parti, le mieux discipliné et le plus dangereux des partis ; et demain, ce parti saisirait le gouvernement. »

Ceci était peut-être défendable à une époque où l'armée était un *corps fermé* à la nation, composé de *professionnels* se renouvelant assez lentement. Mais aujourd'hui, l'armée c'est la nation en petit ; toutes les opinions politiques y sont représentées et il lui serait impossible de devenir un corps politique ou un parti. Quant à l'obéissance qu'elle doit aux lois, elle est absolument identique à celle que leur doivent tous les citoyens sans exception.

Enfin, il ne faut pas oublier que si par deux fois la République a sombré, c'est par la faute *de son gouvernement* et non du *fait de l'armée*. On s'est servi d'elle, mais elle n'a jamais été que l'instrument d'un homme et cela, parce qu'elle a été trop obéissante au pouvoir central. En 1852, c'est comme président de la République, et non comme général, que Louis-

Napoléon a donné des ordres à l'armée. Le même fait peut se renouveler si un Président de la République était traître à ses serments et le Pouvoir exécutif sans énergie.

Au 18 brumaire, c'est le prestige de la victoire et la faiblesse d'un gouvernement en pleine décomposition qui a permis à Bonaparte de se saisir du pouvoir. Si les mêmes circonstances se reproduisaient, elles pourraient avoir les mêmes conséquences. On pourra trouver un jour un général acclamé par le peuple à cause de ses victoires et préféré par lui à un gouvernement débile. L'armée n'a rien à voir dans ces questions-là.

On ne pourra empêcher le retour de pareils événements que par une éducation fortement démocratique du peuple, par un recrutement républicain des officiers et surtout des généraux, par l'union intime du peuple et de l'armée, enfin par l'accord absolu et sincère des chefs militaires avec les chefs du gouvernement. Tout le reste, et particulièrement l'exclusion de l'armée du suffrage universel, ne servira de rien. Au contraire, comme le faisait remarquer Lamartine à la tribune de l'Assemblée nationale de 1848, « il y a de grands inconvénients à maintenir en dehors de la vie publique sous un régime démocratique une fraction aussi importante de la nation ; n'ayant rien à attendre que du pouvoir exécutif, on la dispose plus qu'il ne faudrait à s'attacher principalement à la fortune de ce pouvoir ».

Le premier argument invoqué par les partisans de cette exclusion n'a donc aucune valeur *au point de vue historique*. Il n'en a pas davantage *au point de vue social actuel*. D'abord, de nos jours, la situation sociale n'est plus la même qu'en 1790 et 1793. Quarante ans de République, la diffusion de l'instruction dans les masses populaires, la multiplicité des journaux et des moyens d'informations ont mis le peuple en état de s'occuper des affaires du pays et d'exprimer ses idées en toute connaissance et en toute indépendance. Grâce à l'obligation du service militaire pour tous, tout ce qui se passe dans l'armée peut être rapidement connu, et la presse signalerait avec raison comme un criminel tout chef qui essaierait de violenter la conscience d'un de ses subordonnés.

Il n'y a donc pas à craindre que, le cas échéant, les chefs militaires cherchent à imposer leurs opinions à leurs inférieurs en grade. D'autre part, sous la première République, le vote était public, tandis qu'actuellement le secret du vote est suffisamment garanti pour que chaque militaire puisse exprimer son opinion en toute liberté.

Nous avons déjà vu que, sous l'empire, malgré la pression inouïe exercée par le pouvoir central, malgré le peu d'instruction des contingents, malgré la façon tout à fait indiscrète dont le vote avait lieu, l'armée a toujours voté avec plus d'indépendance que le reste de la nation. *A fortiori*, agirait-elle de la même façon maintenant.

Ce que disait, en 1875, M. Christophle, dans son rapport

au Sénat au sujet des fonctionnaires, peut tout aussi bien s'appliquer à l'armée :

On parle de dépendance et de soumission docile, mais est-ce de la fonction que découlent nécessairement comme une conséquence virtuelle l'esprit de servilisme et l'obéissance passive ? Un gouvernement n'a-t-il pas mille moyens de séduire les gens, en apparence les plus indépendants, par leur situation, leur fortune, l'éclat de leur talent ou de leur naissance ?

Sous l'Empire, le Sénat était rempli de fonctionnaires ; dans le Corps législatif il n'y en avait aucun. Peut-on dire que cette dernière assemblée ait répondu aux espérances que sa composition théorique avait fait naître chez tous ceux qui ne se payent que de mots ?

L'indépendance est l'apanage du caractère. Elle est aussi le résultat des mœurs et des institutions politiques.

Certains gouvernements abaissent tout autour d'eux. D'autres élèvent, développent les passions généreuses, l'amour du bien, le sentiment de la liberté, l'indépendance des résolutions. N'est-ce pas là spécialement la visée de la République ?

Pourquoi donc continuer à donner cette marque de défiance envers ses propres serviteurs ? Pourquoi continue-t-elle à se montrer vis-à-vis d'eux animée d'un esprit soupçonneux et jaloux, fort propre assurément à arrêter dans leur expansion, le dévouement, l'émulation, les légitimes ambitions qui, dans toutes les branches de l'activité humaine sont absolument nécessaires pour mettre hors de pair certains hommes et obtenir d'eux des services exceptionnels ?

La défiance et le soupçon sont indignes des esprits libéraux. Il faut laisser ces sentiments aux philosophes attristés et peu pratiques qui, négligeant les côtés élevés de l'âme humaine n'y rencontrent jamais que des mobiles sordides et intéressés.

Ce n'est pas ainsi qu'on relève les cœurs et les caractères. Au contraire, on les abaisse et on les corrompt.

Si on admet que les fonctionnaires peuvent voter selon leur conscience, à plus forte raison doit-on l'admettre pour les militaires dont les situations sont garanties par des lois que ne possèdent pas les fonctionnaires.

Enfin, a-t-on jamais songé à priver de l'exercice de leurs droits politiques les chefs et les ouvriers des innombrables grandes entreprises commerciales, industrielles ou autres, qui occupent des milliers et des milliers de citoyens : Grands magasins, Compagnies de chemins de fer, Forges du Creusot, etc. ? Ici les patrons peuvent avoir sur leurs administrés une influence autrement grande que les chefs militaires sur leurs subordonnés, car ils les paient et peuvent les renvoyer sous un prétexte quelconque. Dans la hiérarchie militaire, les règles sont si strictement tracées que l'arbitraire y est bien plus difficile, surtout vis-à-vis d'une masse d'hommes. Il en résulte que chacun y possède une indépendance telle qu'il pourrait voter en toute liberté selon sa conscience et selon ses sentiments.

Il semble donc suffisamment démontré que le vote des militaires ne saurait différer en rien de celui des autres citoyens et qu'il ne pourrait, par suite, constituer un danger pour la Constitution.

II. Danger pour la discipline militaire

C'est le seul motif invoqué sous la deuxième et surtout sous la troisième République.

Il est curieux de constater que, sous ces deux régimes, on ait été obligé de recourir à des raisons militaires pour masquer une décision qui est exclusivement du domaine politique. Mais il n'est pas moins intéressant de remarquer que l'opposition à la liberté du vote des militaires est venu en dernier lieu de ceux-là mêmes qui avaient fait preuve de tant de faiblesse sur les champs de batailles, alors que les héros de 93 n'avaient pas cru porter atteinte à la discipline en accomplissant, même en campagne, leurs devoirs de citoyens. Il est vrai que le vote étant devenu secret, on ne pouvait plus arguer de la pression des chefs militaires sur leurs subordonnés. Il fallait donc trouver autre chose.

La première opposition ayant pour prétexte la question de discipline se manifeste en 1848. Le représentant Callet proposa de suspendre l'exercice du droit électoral pour les militaires, qu'il considérait comme contraire à la discipline et à l'esprit militaire. Il se basait sur un article de la Constitution ainsi conçu : « La force publique est essentiellement obéissante. »

Or, disait-il, ce qui fait un électeur, c'est qu'il est essentiellement libre ; ce qui fait un soldat, c'est qu'il est essentiellement obéissant. Par conséquent, au point de vue du droit constitutionnel, un soldat ne peut pas être électeur.

Comment, en effet, dire à la fois aux soldats : « Obéissez aux ordres de vos chefs sans les examiner » ; et, d'autre part, « jugez les actes du Ministre de la Guerre, jugez les actes de l'Assemblée, occupez-vous-en sans cesse, c'est votre devoir pour exercer utilement votre droit électoral ».

Il n'est pas difficile de faire ressortir la faiblesse de ce raisonnement. Le soldat est essentiellement obéissant à son supérieur dans tout ce que celui-ci lui commande *pour le bien du service* et *l'exécution des règlements militaires*. En dehors de ce cas, il est absolument libre d'avoir telle opinion que bon lui semble et il devrait avoir le droit de l'exprimer comme tous les autres citoyens. Par conséquent, il peut parfaitement être électeur.

Juger les actes du Ministre de la Guerre et de l'assemblée n'empêche en aucune façon d'obéir aux ordres des chefs, car ces deux fonctions ne sont pas du même domaine psychologique. La première trouve sa sanction dans le vote, opération qui n'entrave en rien le service militaire.

Il y a là une confusion des idées qui sera sans cesse utilisée pour combattre le droit de vote des militaires. On dit : le soldat doit obéissance à ses chefs, donc il ne peut pas avoir d'opinion. Pourquoi cette conclusion ? Où est-elle inscrite ?

Pas dans les règlements militaires en tous cas. C'est donc un avis personnel qui n'est appuyé par aucun texte. C'est plutôt le contraire qui serait exact, les vrais républicains ont toujours défendu l'idée que M. de Lameth exprimait à l'assemblée nationale de 1790, dans les termes suivants : « Il est juste et l'intérêt de la liberté l'exige, de réunir autant qu'il est en notre pouvoir la jouissance des droits du citoyen à l'exercice des fonctions militaires. »

En refusant au soldat sous les armes le droit de penser, on le traite en esclave. Or, le soldat n'est pas un esclave. C'est un citoyen commis à la garde expresse de l'ordre, de la justice, des lois, des institutions et de la liberté. S'il a des devoirs, il doit avoir des droits, et l'un de ces droits est le privilège inaliénable que possède tout citoyen de s'occuper avec une vigilante sollicitude et un grand amour des affaires publiques. Les droits et les devoirs des militaires sont tout d'abord ceux de l'homme et du citoyen.

L'assemblée nationale de 1848 se rangea à cette opinion puisqu'elle écarta l'amendement Callet par la question préalable.

Sous la IIIe République les arguments mis en avant par les adversaires du vote des militaires sont un peu différents.

Rappelons d'abord que l'Assemblée nationale de 1871 contenait une forte proportion d'officiers, que leur élection n'avait donné lieu à aucun incident et que leur présence au sein de l'assemblée fut pour celle-ci un précieux secours dans l'étude des questions militaires. Pourquoi ces officiers s'obstinèrent-ils à exclure des assemblées suivantes leurs camarades et eux-mêmes ? C'est d'abord parce que imbus des idées du régime déchu, ils persistaient à voir dans l'armée un élément *complètement distinct de la nation*; ils attribuaient à cet isolement de l'armée une vertu particulière qui devait la maintenir dans les bons principes.

Peut-être espéraient-ils la soustraire à l'influence des idées nouvelles, qu'ils considéraient comme pernicieuses, et la retrouver un jour dans un état d'esprit qui permît de compter sur elle pour la restauration d'un régime plus conforme à leurs aspirations que le régime républicain.

Peut-être aussi l'œuvre de réorganisation militaire exigeait-elle réellement que l'armée ne se laissât pas distraire à ce moment de cette préoccupation capitale.

Quoi qu'il en soit, le général Chareton déposa le 18 juillet 1871 une proposition de loi qui déclarait le service dans l'armée active incompatible avec l'exercice des droits électoraux. Il considérait comme un danger politique et social le vote des citoyens armés *parce que son exercice entraîne le droit de réunion qui est la négation de toute discipline* et il rappelait qu'en 1870, la Prusse avait connu nos effectifs par le vote du plébiscite.

Cette dernière raison n'avait aucune valeur, parce qu'il suffisait de ne pas faire voter l'armée à part, de confondre les bulletins militaires avec ceux des autres citoyens pour que cet inconvénient disparût.

Quant au *droit de réunion*, il paraît difficile de concevoir le tort qu'il peut faire à la discipline. A chaque instant, en particulier aux manœuvres, de nombreux militaires sont réunis, soit entre eux, soit avec des civils, sans que la discipline paraisse souffrir de ces réunions.

Enfin, si c'est du fait *qu'ils étaient armés* que ces citoyens pouvaient constituer un danger, il n'y avait qu'à supprimer le port des armes en dehors du service. Toutefois il faut reconnaître qu'à cette époque les esprits n'étaient pas mûrs pour de pareilles réformes.

Aussi, la commission accepta-t-elle ces propositions : « Il n'est pas bon, disait le rapporteur, que des militaires, soumis à leurs supérieurs hiérarchiques dans les actes qu'ils ont à accomplir au corps, se trouvent, à un jour donné, leurs égaux, peut-être leurs adversaires, sans cesser, en somme, pourtant d'être sous leurs ordres... »

Voici encore la confusion entre l'obéissance du militaire et l'indépendance dont il doit jouir en dehors du service. Il est impossible d'admettre qu'un militaire est aux ordres de son chef quand il n'est plus question de service. On a vu plus haut que c'était même contraire au règlement.

A cet argument, le rapporteur en ajoutait d'autres, tirés du vote des militaires : on pouvait craindre que ceux-ci, *éloignés de leurs familles*, ne puissent se renseigner sérieusement pour voter en connaissance de cause et n'eussent recours aux renseignements que leur offriraient, avec empressement, des agents électoraux.

Aujourd'hui, les journaux sont tellement répandus et les communications tellement faciles, que cet inconvénient n'est plus à craindre. Du reste, il n'y aurait qu'à faire voter les militaires dans le lieu où ils se trouvent, pour qu'ils puissent avoir sur place tous les renseignements nécessaires.

Enfin, le fait que les militaires *votaient à part des autres citoyens* pouvait contribuer à égarer l'opinion publique ; celle-ci pouvait attribuer les suffrages de l'armée à des causes erronées suivant qu'elle avait été favorable à tel ou tel parti politique.

Cet inconvénient était facile à éviter en confondant, comme nous l'avons dit plus haut, les votes des militaires avec ceux des autres citoyens.

Et le rapporteur terminait par cette conclusion :

Laissons donc l'armée à sa pure et belle mission; que les hommes qui la composent n'aient à s'occuper que de se perfectionner dans leur art, dans leur métier ; ne lui donnons pas un rôle politique, elle appartient au pays tout entier ; c'est en cela qu'elle est grande. Ne la rapetissons pas à la taille des partis.

Ces phrases font très bon effet dans un rapport, mais elles ne supportent pas la discussion. Le métier militaire laisse autant que tout autre, la latitude de s'occuper des affaires du pays qui présente souvent pour l'armée plus d'intérêt que pour beaucoup d'autres éléments de la société. L'armée appartiendra-t-elle moins au pays tout entier parce qu'elle participera davantage à la vie de ce dernier ? Ce serait plutôt le contraire. Il ne s'agit d'ailleurs pas de lui donner un rôle politique. Il s'agit simplement de rendre à chacun de ses membres ses droits de citoyen.

Enfin, pour qu'elle se rapetissât à la taille des partis, il faudrait qu'elle en formât un elle-même. Or, elle est composée, comme la nation, d'éléments appartenant à tous les partis et disséminés sur l'ensemble du territoire. Les voix de chacun de ces éléments, qui, dans chaque circonscription électorale, ne constitueraient qu'une infime minorité, seraient fondus dans celles du parti auquel elles appartiendraient ; on ne voit pas comment elles pourraient constituer à elles seules un parti.

Le projet de la Commission fut combattu par M. Edouard Millaud qui se plaça à un autre point de vue. (Il parlait au nom de plusieurs de ses collègues et particulièrement du colonel Denfert-Rochereau, l'illustre défenseur de Belfort.)

Il affirmait, avec raison, qu'on ne pouvait être privé du droit de vote *que pour incapacité ou indignité.*

Quoi, s'écriait-il, nous sommes unanimes à déclarer qu'aucun honneur ne peut être plus grand ni plus envié que celui de servir la Patrie, et vous proposez d'assimiler cet honneur à une condamnation, puisque, d'après le Code pénal, ne sont privés du droit de vote que ceux qui ont été condamnés !

Refuser ce droit aux militaires, c'était, selon lui, une inégalité et un danger : *une inégalité*, parce que les militaires sont citoyens comme les autres ; *un danger*, parce que cette suppression donne naissance aux conspirations militaires. Les soldats conspirent parce qu' « ils n'ont pas le moyen d'exprimer légalement leur pensée ».

Et M. Millaud citait comme preuve de son affirmation les conspirations de Cadoudal, du général Mallet, des Quatre Sergents de La Rochelle.

Aujourd'hui, il aurait pu ajouter l'affaire Boulanger et l'affaire Dreyfus !

Le rapporteur répondit naturellement « que la Commission n'avait pas entendu traiter les soldats comme des indignes ». Evidemment, mais le résultat était le même.

Le *Ministre de la Guerre, Général de Cissey*, déclara s'associer pleinement aux conclusions de la Commission et y ajouta un distinguo qui mérite d'être rappelé :

L'article de loi, dit-il, ne supprime aucunement les droits du citoyen pour le soldat ; dès qu'il est dans ses foyers, il rentre dans la plénitude de ses droits et il vote comme citoyen.

Autrement dit, le soldat est toujours citoyen... mais seulement quand il n'est plus soldat !!!

Et ceux qui ne rentrent dans leurs foyers qu'à trente-cinq

ou quarante ans comme les sous-officiers, ou à cinquante-cinq ou soixante ans comme les officiers, jouissent-ils des droits du citoyen pendant la plus grande partie de leur existence ? On ne comprend pas qu'un aussi piètre argument n'ait pas été vigoureusement réfuté.

Le général Ducrot, appuya également le projet de la Commission par les arguments suivants :

Le vote est un élément de discorde et de désunion dont nous n'avons pas besoin dans l'armée.

Je ne veux point que le soldat sous les drapeaux puisse voter par ce que ce serait *attentatoire à l'autorité morale que les chefs doivent avoir sur leurs subordonnés.*

Le général Ducrot commettait une grave erreur en accusant le vote d'être un élément de discorde et de désunion. Ce sont les passions politiques qui constituent cet élément et le vote, au contraire, tempère ces passions en agissant comme une sorte de soupape de sûreté. Le vote a-t-il été nécessaire pour soulever toutes les discussions qui ont agité les milieux militaires dans ces dernières années ? Cet argument était donc sans valeur.

Quant à l'autorité morale des chefs, elle résulte de leur attitude et non du fait que les subordonnés iront de temps en temps déposer un bulletin dans les urnes électorales. Est-ce que, dans l'état actuel des choses, il n'existe pas des chefs qui possèdent au plus haut point cette autorité en raison de la sollicitude, de la bienveillance et de l'affectation qu'ils témoignent à leurs subordonnés, lesquels les paient largement de retour, tandis que d'autres n'inspirent aucune espèce de confiance ni de respect ? En quoi le bulletin de vote a-t-il influé sur cette situation ? Que pourrait-il y changer ? Absolument rien.

Donc le deuxième argument du général Ducrot n'avait pas plus de valeur que le premier.

En troisième délibération, M. Jouin s'efforça de faire revenir l'Assemblée sur les votes qu'elle avait émis dans les délibérations précédentes :

Pourquoi et à quel propos, dit-il, vient-on décider dans la loi sur le recrutement que l'armée ne pourra désormais prendre part à aucun vote ?

On répond que c'est là une nécessité que l'armée elle-même comprendra, un sacrifice qui est demandé à son patriotisme, à son esprit d'ordre...

Où a-t-on vu cette nécessité ? Depuis quel moment s'est-elle révélée ? Est-ce en 1848 ? A cette époque, l'armée a été mise en possession du droit de vote ; s'est-il produit à ce sujet une seule réclamation ? Non, pas une.

En 1849, lors du vote de la loi électorale, un seul représentant se leva pour demander que l'armée fut privée du droit de vote. Cette proposition fut écartée par le vote de la question préalable.

(*L'orateur est fréquemment interrompu par les cris de :* « Assez, aux voix », *ce qui prouve bien le parti pris de l'Assemblée.*)

Où trouverez-vous le premier exemple de la disposition qu'on veut vous faire voter ? Dans les décrets des 2 et 21 février 1852, au lendemain du Coup d'Etat. Et c'est dans ces décrets que vous allez puiser vos enseignements ! C'est là que vous allez vous inspirer pour trouver l'article 5 !

Et encore l'auteur de ce décret n'a pas osé aller aussi loin que vous, puisqu'il suspend le droit de vote seulement pour les élections au Corps législatif.

... Ah ! Messieurs, concluait-il, ne commençons pas par l'armée la mutilation du suffrage universel. Ne donnons pas à tous ceux que nous aurions le malheur de priver de leur droit de suffrage, le droit de le revendiquer. Ne mettons pas entre leurs mains une arme aussi puissante qu'une revendication légitime. Conservons le droit de l'armée et, sous prétexte de la rendre plus fidèle, plus dévouée à la défense de la loi, ne commettons pas la faute de la mettre hors la loi.

Malgré cette éloquente péroraison, l'article 5 fut adopté sans modification.

Il n'est pas inutile de rappeler que le rapporteur avait déclaré que : « la question de discipline mise à part, la Commission estimait que la solution à donner à la question de l'électorat ou à celle de l'éligibilité des militaires, n'était pas du domaine d'une loi de recrutement et *ne devrait être tranchée que par la loi électorale* ».

Or, lors du vote de celle-ci en 1874, Louis Blanc ayant proposé de rendre le droit de vote aux soldats sous les drapeaux, « parce que, disait-il, là où tout citoyen est soldat, tout soldat est citoyen, car le devoir de se battre et de mourir pour son pays implique le droit de participer à la loi qui ordonne qu'on se batte et, s'il le faut, qu'on meure », le rapporteur lui répondit que la Commission était liée par la loi votée par l'Assemblée sur le recrutement de l'armée !

Voilà à quels subterfuges eurent recours les adversaires du droit de vote des militaires pour faire adopter des dispositions si contraires au principe d'égalité. Les uns dirent d'abord : Votez ce que nous vous proposons, nous n'engageons pas l'avenir ; et les seconds : Vous êtes obligés de voter ce que nous vous proposons, parce que vous êtes liés par le passé !

Les raisons invoquées par la Commission de la loi électorale furent identiques à celles qu'avait exposées la Commission de la loi sur le recrutement :

Cette disposition, disait le rapporteur, a pour but de soustraire notre armée aux passions de la politique militante, de maintenir intact le respect de la hiérarchie des grades, et de préserver la discipline.

Certes, nos officiers et nos soldats ne sont point étrangers à la nation à laquelle ils tiennent par toutes les fibres ; ils sont citoyens ; ils connaissent les devoirs que ce titre impose et les droits qu'il confère.

Mais la patrie les appelle à de plus hautes missions — celle de protéger son indépendance et sa sécurité — et cette mission ne saurait être bien remplie que si l'armée est tenue à l'écart des luttes de la politique, si elle garde précieusement l'esprit de discipline, l'esprit d'abnégation, l'esprit d'obéissance, le souci unique et constant de la gloire, de l'honneur et de l'indépendance nationale, vertus supérieures dont l'esprit de parti, si puissant sur les plus nobles cœurs et sur les âmes les mieux faites, pourrait parfois les détourner.

On a déjà vu le cas qu'il fallait faire de ces belles phrases ; il est exact que l'armée sera d'autant plus apte à remplir sa mission qu'elle sera plus intimement associée à la vie de la nation ; mais il est non moins incontestable que les militaires ne sont pas des citoyens, contrairement à l'affirmation du rapporteur, puisqu'ils sont privés du droit qui consacre essentiellement cette qualité, le droit de vote.

Ceci est tellement vrai que le rapporteur lui-même déclarait en tête de son rapport : « *Tous les citoyens son électeurs*. Ce principe ne souffre que les exceptions commandées par le respect même du droit. Les incapacités prévues par la loi ne peuvent résulter que de l'âge, de l'état-civil des personnes ou des cas d'indignités encourus par des condamnations judiciaires. »

Le rapporteur aurait dû ajouter « et du crime abominable de servir sa patrie ! »

Il est intéressant de reproduire ici les motifs invoqués par les signataires de la dernière proposition de loi déposée en faveur du droit de vote aux militaires, celle du 8 mars 1894 :

Depuis 1872, les militaires en activité ont été tenus hors du scrutin.

Un jour viendra, s'il n'est déjà venu, où il n'y aura personne pour comprendre que le seul fait d'être appelé à servir le pays ait pu transformer en étrangers des citoyens de ce même pays.

L'exercice des droits civiques supprimé par l'accomplissement du premier des devoirs civiques, celui de défendre la cité ou la patrie ! Quelle contradiction, pour ne pas dire quelle aberration !

La loi électorale, la loi des lois, celle qui, mettant en mouvement la souveraineté nationale, est, sous la République, l'unique source de tous les pouvoirs, porte formellement : « Sont électeurs tous les citoyens français âgés de 21 ans ». Et une autre loi, fille de la première, la loi militaire, intervient pour enlever leur qualité d'électeur, leur droit de vote, à qui? A ceux-là mêmes qui sont requis, dont la liberté et la vie sont réclamées dans l'intérêt, pour le salut général. Et ceux-là sont, ou devraient être depuis l'introduction du service personnel, tous les français valides de 21 à 23 ans.

Pourquoi alors ne pas décider que la majorité politique ne commencera qu'à 24 ans ? Ce serait moins inique que de constituer ainsi l'électorat pendant trois années à l'état de privilège, au profit soit des infirmes, soit des exemptés de l'impôt du sang.

Cette inqualifiable façon d'exclure de toute participation au gouvernement du pays les citoyens chargés d'assurer la sécurité du pays et destinés à payer à l'occasion les fautes de son gouvernement, eût paru le comble de la démence à Rome et en Grèce alors que — et avec juste raison — il fallait être citoyen, et citoyen actif, pour avoir le droit de porter les armes.

Impossible de justifier en théorie, cette incapacité politique étendue à des centaines de mille hommes n'est pas plus défendable dans la pratique. On a objecté, il est vrai, que laisser le vote aux militaires sous les drapeaux, ce serait, en introduisant la politique dans l'armée, organiser des prétoriens, préparer des coups d'État.

Mais l'expérience conclut dans un sens diamétralement opposé.

L'armée typique ou classique des pronunciamentos, où la trouvons-nous ?

En Espagne, dans l'Espagne d'avant tout suffrage, et dans laquelle, par suite, puisqu'il n'y avait pas de scrutin, le soldat ne pouvait pas voter.

Où au contraire, rencontrons-nous l'armée la plus respectueuse de la loi, la plus adéquate à son rôle de défense nationale ? N'est-ce pas en Suisse ? Et dans la République helvétique le soldat reste citoyen, ne cesse jamais d'être électeur.

Qu'en régime monarchique, alors que les soldats — recrutés parfois à l'étranger — sont considérés comme une sorte de garde particulière du roi ou de l'empereur qui dit et peut dire : « Mon armée », le suffrage militaire ne fonctionne pas, c'est dans l'ordre.

Mais dans la France de 1894, sous la République, quand l'armée — on le proclame du moins — c'est la nation se protégeant elle-même, protégeant son sol et sa souveraineté, vouloir qu'à se défendre, la nation perde son droit de gouverner, voilà qui dépasse les bornes.

Il y a là, en même temps qu'une injure à des milliers des nôtres, assimilés à des indignes, frappés de mort civile, un véritable crime de lèse-nation.

Au nom de nos frères de l'armée traités en îlotes, au nom du suffrage universel mutilé, nous protestons, nous devons protester et nous demandons à la Chambre de se joindre à nous pour réintégrer l'armée nationale dans la Nation en lui rendant l'exercice des droits politiques.

Enfin un grand nombre de militaires se sont prononcés en faveur de la réforme proposée par le présent projet. Tous sont d'avis que, non seulement la discipline ne souffrirait pas de sa réalisation, mais même qu'elle en serait fortement consolidée ; non pas, bien entendu, la discipline passive qui était nécessaire avec les illettrés de l'armée professionnelle d'autrefois, mais cette discipline active et virile qui convient aux citoyens éclairés de la nation armée et qui seule permettra de donner au pays une puissance militaire invincible par l'utilisation, à la guerre, du sentiment si fécond de la liberté.

Voici, en particulier, les paroles que le général Peigné, prononçait à Douai, le 27 janvier 1907, dans son discours sur l'Armée dans le Droit commun (1) :

Pour que l'armée soit nettement républicaine, il est indispensable qu'elle rentre absolument dans le droit commun.

La suppression des conseils de guerre est un commencement qui autorise toutes les espérances.

Le professionnel militaire, officier ou rengagé, ne doit se différencier en rien d'un citoyen quelconque.

---

(1) Lire le discours du général Peigné dans le n° 23 d'*Armée et Démocratie* (11 février 1907).

Il doit avoir les mêmes droits civiques, les mêmes devoirs.

C'est à cette seule condition qu'il changera de mentalité et qu'il cessera de se croire *au-dessus* des lois, maître du pays, libre de faire, à son heure, des coups d'Etat.

Mais on m'objectera :

Et la discipline ?

Ne craignez rien, la discipline librement admise, librement consentie, n'en souffrira nullement, au contraire.

C'est en République, en effet, qu'on doit s'incliner plus loyament, plus sincèrement que jamais devant la loi, devant le règlement qui en est la paraphrase.

Sous l'autocrate, la loi, c'est l'expression du caprice d'un seul homme.

En République c'est l'expression de la volonté, de la décision de la majorité de la nation ; la loi est alors faite pour le bien général et dans l'intérêt général.

Est-ce que, dans toute industrie occupant un personnel nombreux, il y a anarchie parce que ingénieurs, chefs d'ateliers, ouvriers, jouissent de leurs droits civiques ? La discipline nécessaire au fonctionnement normal de cette industrie en souffret-elle ?

Dans l'armée républicaine il en sera de même, et lorsque les règlements de ce grand organisme auront été révisés dans un sens nettement démocratique, nettement égalitaire, nettement fraternel, lorsque les officiers républicains sauront bien qu'ils ne sont plus des parias tenus systématiquement à l'écart, tout le monde, depuis le général en chef jusqu'au plus jeune soldat, s'inclinera sans la moindre arrière-pensée, parce que la loi, le règlement auront été conçus dans un véritable esprit de progrès, pour le bien de tous ! et dans l'intérêt de tous.

Et alors la morgue du grand chef disparaîtra, les cœurs battront à l'unisson sous la tunique chamarrée et sous la vareuse de gros drap, il y aura échange réciproque de protection paternelle du chef, et de soumission confiante et affectueuse du soldat.

De cet exposé, il ressort bien clairement que l'exclusion des militaires du suffrage universel n'est justifiée ni par la sûreté de l'Etat, ni par l'intérêt de la discipline.

On a cherché à épouvanter le pays, en lui disant : « L'armée ne doit pas faire de politique ! »

Pourquoi ? Qu'est-ce donc que la politique ? C'est l'ensemble des événements qui intéressent la société et la marche des affaires publiques de la nation. Or, au nombre de ces affaires, l'une des plus importantes est la défense du territoire et des libertés du pays que l'armée a précisément pour mission de préparer et d'organiser. Dès lors, comment concevoir l'armée indépendante du milieu qui la produit, c'est-à-dire de la nation et ne participant pas à sa vie ? Elle a non seulement le droit, mais encore le devoir de s'intéresser aux affaires publiques, c'est-à-dire de faire de la politique. Tout militaire qui veut mériter le titre de vrai patriote doit se rendre apte aux débats des choses publiques. Cette nécessité est tellement inéluctable que jamais l'armée ne s'est tenue en dehors de la politique militante. Ne la trouvons-nous pas mêlée à tous les grands soubresauts politiques de la troisième République : le 16 mai, le boulangisme, l'affaire Dreyfus ? C'est même elle qui a suscité les deux derniers.

L'ostracisme dont on l'a frappée ne l'a pas empêchée de prendre part à la lutte des partis ; la mesure injustifiée qui la tient hors de la loi n'a donc pas rempli son but : elle doit être supprimée.

Aux gouvernements absolus correspondent **les castes** : noblesse, guerriers, clergé, etc. Au contraire, dans les gouvernements républicains et dans les pays libres, on voit une complète union entre toutes les parties de la nation.

On n'a pas d'une part l'armée et de l'autre la nation. Il y a unité et on ne sépare pas les citoyens des soldats. Tous jouissent des mêmes droits en même temps qu'ils ont à remplir les mêmes devoirs.

En particulier, depuis la loi de 1905, cette conception de l'état social de la France est devenue une réalité. Toutes les raisons qui pouvaient conduire à une organisation différente ont disparu et il est de toute justice de consolider définitivement ce nouvel état de choses en rendant à l'armée l'exercice du plus sacré des droits du citoyen.

IV. Etat de la question à l'Etranger

Du reste, en accordant ce droit aux militaires, les législateurs feraient-ils œuvre de révolutionnaires? Seraient-ils donc tellement audacieux que, dans cet ordre d'idées, ils placeraient la France à la tête des nations européennes ? Une incursion dans le domaine des législations étrangères sur ce sujet fera ressortir combien le régime français est peu libéral si on le compare à celui de certaines nations, considérées cependant comme étant dans une situation sociale et politique inférieure à celle de la France. Elle permettra de tranquilliser ceux que l'innovation réclamée pourrait effrayer, puisqu'elle laissera découvrir des organisations dans lesquelles les militaires participent pratiquement à la vie de la nation, sans qu'il en résulte le moindre inconvénient soit pour la discipline soit pour les institutions politiques.

Il est certain cependant qu'en étudiant la question sous ce point de vue, il faut tenir compte du tempérament national, de la façon dont l'élément appelé à jouir d'un droit peut être tenté d'en faire usage.

Mais, d'autre part, il faut aussi considérer que, si des abus se produisent parfois au début de l'exercice de certains droits, ce n'est pas une raison pour supprimer ce droit, s'il est reconnu légitime : il suffit simplement de faire disparaître les abus.

Ceci dit, on peut rapporter à trois systèmes principaux la situation des militaires dans les divers états européens (sauf la Russie) :

1° Ils ne sont ni électeurs ni éligibles;

2° Ils ne sont pas électeurs, mais ils sont éligibles ;
3° Ils sont électeurs et éligibles.

I. Le 1er système est le régime français. Il n'existe que dans un seul pays : l'Autriche-Hongrie, et encore y a-t-il une exception relative à la catégorie des électeurs de la grande propriété foncière. Les militaires en activité de service comptant dans cette catégorie peuvent exercer leur droit de vote par l'intermédiaire d'un fondé de pouvoir nommé par eux.

On peut ajouter à la France et à l'Autriche le grand duché de Bade qui vit sous le même régime.

II. Le 2° système est appliqué en Espagne, en Allemagne et en Belgique.

Espagne. — Les militaires sont éligibles à la Chambre des députés, mais avec incompatibilité absolue, c'est-à-dire que les officiers qui seraient élus ne pourraient pas conserver leurs fonctions militaires.

Allemagne. — L'exercice de droits électoraux est suspendu pour les militaires sous les drapeaux, sauf pour les employés militaires et les gendarmes.

Mais ils sont éligibles quand ils remplissent les conditions requises.

En Bavière, on ne peut pas refuser un congé aux militaires élus députés pour aller siéger au Parlement.

En Prusse, ils n'ont pas besoin d'obtenir de congé pour entrer au Reichstag ; mais ils perdent leur siège s'ils reçoivent de l'avancement pendant la durée de leur mandat.

En Wurtemberg, les officiers, comme du reste tous les fonctionnaires, sont frappés d'inéligibilité relative dans le ressort de leurs fonctions.

Dans le duché de Bade, les militaires ne sont ni électeurs ni éligibles.

Belgique. — Le système belge est intermédiaire entre les systèmes II et III. En effet, le droit de vote est suspendu pour les sous-officiers, caporaux et soldats sous les drapeaux, mais cette suspension ne s'applique pas aux officiers.

Les militaires sont éligibles aux deux Chambres, mais ils sont atteints de l'incompatibilité qui frappe tous les fonctionnaires et employés salariés de l'Etat.

III. **Italie.** — Le système italien est également intermédiaire entre II et III.

Pour être électeur, il est nécessaire de justifier d'une instruction suffisante, d'un grade académique, d'une profession entraînant avec elle l'instruction ou d'un certain cens.

Ainsi sont électeurs dans l'armée :

1° Ceux qui sont restés sous les drapeaux pendant deux ans au moins et qui, à raison du degré de leur instruction, auront été dispensés de la fréquentation de l'école du Régiment ou l'auront suivie avec profit ;

2° Les officiers et sous-officiers en service. Mais les sous-officiers et les soldats ne prennent pas part au vote sous les drapeaux.

Aucune exclusion de même nature n'atteint les officiers.

Ces derniers sont éligibles ; mais le mandat de député est incompatible avec les fonctions publiques rétribuées sur les fonds de l'État. Les officiers ne peuvent donc conserver à la fois leurs fonctions et leur mandat, à l'exception des officiers généraux et supérieurs : ceux-ci ne peuvent être élus dans les circonscriptions où ils exercent leur commandement, ni dans celles où ils l'ont exercé moins de six mois avant l'élection.

Mais le nombre des fonctionnaires publics qui peuvent être exceptionnellement élus membres de la Chambre des députés ne peut dépasser 40.

Enfin, les officiers députés peuvent recevoir de l'avancement, même au choix.

Le Portugal et l'Angleterre ont adopté le système le plus libéral :

Portugal. — Les militaires sont électeurs et éligibles.

Mais les autorités militaires sont frappées d'incompatibilité relative dans le ressort où elles exercent leurs fonctions et pendant six mois après qu'elles ont quitté ces fonctions.

D'autre part, il y a incompatibilité entre le mandat de député et la qualité d'officier, à l'exception des officiers généraux.

Toutefois les officiers ne sont pas obligés d'opter entre leur mandat et leurs fonctions : leur élection à la Chambre a seulement pour conséquence de les faire mettre dans une sorte de disponibilité ; ils ne peuvent exercer leurs fonctions militaires ni toucher leur solde pendant la durée de la législature, mais ce temps leur est compté comme temps de service pour toutes les conséquences à en tirer.

Angleterre. — En Angleterre, officiers et soldats sont électeurs.

D'autre part, les officiers sont éligibles à la Chambre des Communes et peuvent recevoir un nouveau grade sans être obligés de se soumettre à la réélection.

En définitive, la France est soumise au régime le plus rétrograde. Que, dans cet ordre d'idées, elle se laisse devancer par un pays aussi libéral que l'Angleterre, ce serait, jusqu'à un certain point, compréhensible ; qu'elle vienne après des pays monarchiques comme l'Italie, le Portugal, la Belgique, c'est déjà inadmissible ; mais qu'elle reste au-dessous d'un état aussi autocratique que l'Allemagne ou aussi clérical que l'Espagne, c'est réellement un comble. Elle ne peut être associée qu'à l'Autriche Hongrie ! On se demande vraiment par suite de quelles circonstances elle se trouve accouplée avec cette monarchie en pleine décomposition politique !

V. Conséquences et Conclusions

Ainsi, quand on a examiné la question sous ses différents aspects, que reste-t-il en faveur de l'état actuel des choses ? Absolument rien. Il est contraire à l'égalité et à la justice ; il n'est justifié ni par la discipline militaire, ni par la sécurité des institutions républicaines ; il est nuisible au plus haut point à l'intérêt de l'armée.

De plus, dans un avenir peu éloigné, il sera en opposition absolue avec la Déclaration des droits de l'homme et du citoyen, qui dit, art. 14 :

« Les citoyens ont le droit de constater par eux-mêmes ou par leurs représentants, la nécessité de la contribution publique, de la consentir librement, d'en suivre l'emploi et d'en déterminer la quotité, l'assiette, le recouvrement et la durée. »

Or, le projet de loi sur l'impôt sur le revenu soumet tous les militaires au paiement des mêmes contributions que les autres électeurs. Comment, s'ils sont toujours exclus du vote, pourront-ils user du droit absolu que leur confère la Déclaration des Droits de l'homme ?

Il n'est donc pas douteux que cette situation doit cesser.

Sous quel régime convient-il donc de placer l'armée au point de vue du vote ? Les autres nations ont choisi entre trois systèmes :

1º Les militaires ne sont ni électeurs ni éligibles ;
2º Ils ne sont pas électeurs, mais sont éligibles ;
3º Ils sont électeurs et éligibles.

Il peut y en avoir un 4ᵐ, c'est le suivant :

4º Ils sont électeurs et non éligibles.

Les deux premiers n'admettant pas le droit de vote pour les militaires, il n'y a pas lieu de les examiner.

Le quatrième doit être également écarté pour la raison suivante :

En refusant l'entrée du Parlement aux militaires, on prive le pays des lumières, plus nécessaires dans cette spécialité que partout ailleurs, d'hommes d'une compétence incontestable. Il serait absolument illogique qu'en France, où tout ce qui touche à la défense nationale intéresse si vivement les pouvoirs publics, l'armée seule soit exclue du Parlement, alors qu'elle est admise dans presque tous les autres Parlements européens. Limiter, pour les Chambres, comme on le fait actuellement, le recrutement des compétences militaires aux officiers réformés, retraités ou démissionnaires et aux officiers généraux du cadre de réserve, n'est-ce pas priver la représentation nationale de tous les éléments jeunes, actifs et pleins d'initiative que l'armée pourrait lui fournir pour le plus grand bien du pays ? Cette méthode défectueuse n'est-elle pas la cause de la stagnation dans laquelle demeurent toutes les questions militaires et de la faiblesse des discussions auxquelles elles donnent lieu ?

Il ne reste donc plus que le troisième système, d'ailleurs le plus rationnel et le plus conforme aux principes de liberté, d'égalité et de fraternité qui sont la base même du régime républicain.

Mais une question se pose aussitôt. Est-il utile, avantageux, que les soldats venant passer deux ans seulement sous les drapeaux soient distraits de leur devoir militaire par des questions sur lesquelles ils sont encore peu expérimentés ? On a vu ci-dessus que les seules difficultés de l'exercice du droit de vote sont nées de son application aux hommes appelés sous les drapeaux. A cette époque la durée du service militaire était de sept ans ; le contingent soumis à l'appel ne comprenait qu'une partie seulement de la classe. Il pouvait sembler injuste à des esprits libéraux de priver cette partie de ses droits de citoyens alors qu'elle accomplissait le devoir le plus lourd que lui imposait la Patrie.

Mais, aujourd'hui, la situation n'est plus la même. Tout le monde accomplit deux ans de service, car les exceptions sont excessivement rares. Si, pour éviter les difficultés d'application dont il vient d'être question, on décidait que ce droit ne serait exercé que par les citoyens ayant accompli plus de deux ans de service, il y aurait égalité pour tous ; cette décision reviendrait en effet tout simplement à porter de vingt-un à vingt-trois ans, l'âge de la majorité politique, ce qui, au fond, ne serait peut-être pas une mesure regrettable, car, suivant les paroles si justes de Louis Blanc :

« A vingt-un ans, on vote non pas avec le cœur, mais avec le trouble des passions et l'obscurité de l'inexpérience ».

Les deux ans passés sous les drapeaux mûriraient tous ces jeunes cerveaux ; les passions se calmeraient déjà un peu ; la grandeur du devoir que les jeunes gens viendraient d'accomplir aurait développé en eux des facultés de réflexion capables, dans beaucoup de cas, de compenser leur inexpérience et de les éclairer dans l'accomplissement de leur devoir de citoyens.

Il reste à combattre une dernière objection qui peut venir à l'esprit de ceux qu'effrayent les innovations : « Avec ce système, dira-t-on, l'officier sera obligé de fréquenter les réunions publiques ? Il sera exposé à prendre part aux discussions, souvent violentes, qui y éclatent ? »

Certainement, et l'on ne voit pas où est le mal. Ces réunions sont parfois tumultueuses, il est vrai ; mais outre que l'officier ne sera pas obligé de prendre part au tapage, il y entendra souvent des choses fort instructives pour lui et y trouvera un terrain d'études sociales des plus féconds.

Dans tous les cas, mieux valent ces discussions, parfois agitées, mais ouvertes à toutes les opinions et à toutes les controverses, où les idées les plus diverses peuvent être exposées au grand jour et dans tout leur développement grâce à la liberté de la parole, que les intrigues ténébreuses qui s'ourdissent journalement, quoique plus silencieusement, autour des tables des états-majors, sous les lambris dorés des salons de la bourgeoisie ou dans l'ombre des sacristies.

L'accomplissement de ce grand acte de justice et d'égalité nécessiterait le vote des propositions suivantes :

ARTICLE PREMIER. — L'article 2 de la loi électorale du 30 novembre 1875 et l'article 9 de la loi du 21 mars 1905 sur le recrutement de l'armée sont remplacés chacun par l'article suivant :

« **Les militaires et assimilés de tous grades et de toutes armes, des armées de terre et de mer, ne prennent part au vote que s'ils ont accompli deux années de service effectif.**

« **A partir de ce moment ils peuvent voter dans les mêmes conditions que les autres citoyens.** »

ART. 2. — **Sont supprimés :**

L'article 4 de la loi du 9 décembre 1884 (inéligibilité des militaires au Sénat) et l'article 7 de la loi électorale du 30 novembre 1875 (inéligibilité des militaires à la Chambre des députés).

ART. 3. — L'article 8 de la loi du 10 août 1891 est modifié comme il suit :

« **Ne peuvent être élus membres du Conseil général ou du Conseil d'arrondissement...**

5° et 6°. — **Les militaires des armées de terre et de mer en activité de service n'ayant pas accompli deux ans de service effectif.** »

ART. 4. — Le dernier paragraphe de l'article 31 de la loi du 5 avril 1884 (élections municipales) est remplacé par le suivant :

« **Ne sont pas éligibles : les militaires et employés des armées de terre et de mer, en activité de service, qui n'ont pas accompli deux années de service effectif.** »

ART. 5. — Une loi spéciale déterminera les conditions dans lesquelles les militaires et assimilés de tous grades et de toutes armes, ayant accompli plus de deux ans de service effectif pourront prendre part au vote et être éligibles.

UN GROUPE D'OFFICIERS RÉPUBLICAINS.

PAPETERIE & LIBRAIRIE MILITAIRES

Impressions en tous genres. — Cartes de visite

♠ ♠ ♠ ♠

Spécialité pour les Cours de l'Ecole Supérieure de Guerre. — Carte d'Etat-Major. — Liseurs. — Poches à cartes. — Curvimètres. — Boussoles. — Loupes, etc. — Articles pour le dessin.

♠ ♠ ♠ ♠

Frédéric FUHRBERG

SOUS-OFFICIER EN RETRAITE

5, Avenue de la Motte-Picquet, 5

PARIS

(Près les Invalides)

REMISE AUX OFFICIERS ET SOUS-OFFICIERS

Travaux de publicité ♣ ♣
♣ ♣ ♣ ♣ en tous genres

TYPOGRAPHIE - LITHOGRAPHIE - GRAVURE

TH. MARTIN

Imprimeur

24, Rue Saint-Symphorien, 24

NIORT

(Deux-Sèvres)

Prix de cette Brochure
POUR LA PROPAGANDE

Les 10.................. 2 50
 —   25.................. 5 »
 —   50.................. 9 »
 — 100.................. 18 »
 — 500.................. 70 »
 — 1.000.................. 125 »

www.ingramcontent.com/pod-product-compliance
Lightning Source LLC
Chambersburg PA
CBHW060724050426
42451CB00010B/1608